DE
L'ORGANISATION
INTÉRIEURE
EN
CAS DE GUERRE

PAR

EUGÈNE PIERRE

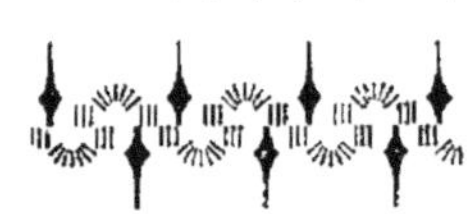

PARIS

ANCIENNE MAISON QUANTIN

LIBRAIRIES-IMPRIMERIES RÉUNIES

MAY et MOTTEROZ, Directeurs

7, rue Saint-Benoît

1890

D E

L'ORGANISATION INTÉRIÈURE

EN

CAS DE GUERRE

DE
L'ORGANISATION
INTÉRIEURE
EN
CAS DE GUERRE

PAR

EUGÈNE PIERRE

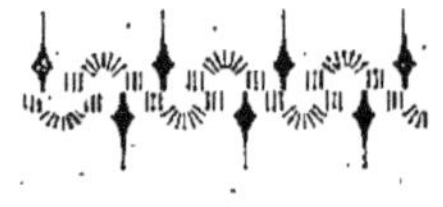

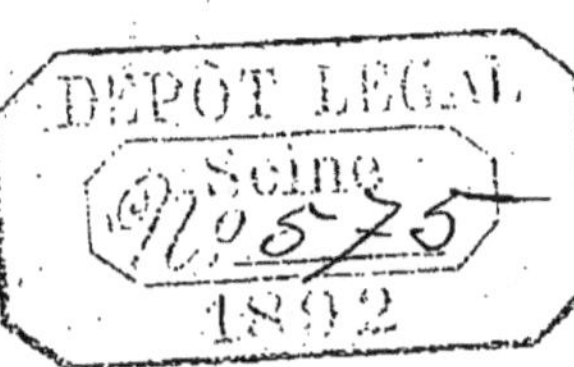

PARIS

ANCIENNE MAISON QUANTIN

LIBRAIRIES-IMPRIMERIES RÉUNIES

MAY ET MOTTEROZ, DIRECTEURS

7, rue Saint-Benoît

1890

L'ORGANISATION INTÉRIEURE

en cas de guerre

Il n'était peut-être pas urgent de soulever les problèmes qui intéressent l'organisation intérieure du pays en cas de guerre. La paix ne semble pas menacée, et certains problèmes gagnent à n'être posés qu'au moment où il faut les résoudre. On va plus vite alors; on voit plus clair; on ne se laisse pas détourner du but nécessaire par les bagatelles de la théorie.

L'opinion publique a pris une autre direction. L'une des questions les plus délicates qui puissent être agitées en cas de mobilisation générale occupe les esprits depuis trois semaines. Elle a été traduite sous cette forme un peu brutale : « Les députés-soldats. »

Dès lors, est-il inutile de rappeler que le pouvoir législatif ne serait pas seul touché en cas de mobilisation ?

Les Conseils généraux et municipaux seraient

touchés, eux aussi. Pourraient-ils, en cas de guerre, remplir leur mandat comme en temps de paix? Certes, leurs fonctions sont beaucoup moins essentielles que les fonctions du Parlement; pourrait-on, néanmoins, se passer d'eux si la guerre durait?

Les administrations publiques seraient également fort mutilées, malgré les précautions prises à l'égard des non-disponibles. Combien de temps les non-disponibles seraient-ils dispensés de rejoindre? Sans doute, l'âge conserverait pour les services publics de l'intérieur l'ensemble de la direction générale. Mais une foule de rouages disparaîtraient.

On plaisante volontiers la bureaucratie pendant la paix; il serait difficile de la supprimer pendant la guerre.

Le lendemain de la mobilisation, il n'y aura pas que des coups de feu à tirer. Il faudra aussi fournir des munitions, des vivres et des vêtements à ceux qui tireront les coups de feu. Il faudra lever les impôts, administrer les crédits, rendre la justice, maintenir l'ordre. Tous les rouages qui ramassent et régularisent les forces publiques devront marcher sans relâche d'un bout à l'autre du territoire; un seul d'entre eux, s'arrêtant ou marchant mal, nous compromettrait autant qu'une colonne arrivée après l'heure sur le champ de bataille.

On pourra certainement réduire l'administration civile et lui demander plus d'efforts; on pourra suspendre certains services de luxe et en verser les effectifs dans les services nécessaires à la défense nationale. Mais l'administration civile aura de grands et lourds devoirs à remplir le lendemain de la mobilisation. Elle devra faire face à l'ennemi, comme l'armée.

Tandis que la nation devra être debout de vingt à quarante-cinq ans pour se battre, elle devra être debout de quarante-cinq à soixante-dix ans pour soutenir ceux qui se battront.

Du jour au lendemain, il faudra puiser dans les réserves de l'âge mûr et de la vieillesse les cadres provisoires des administrations civiles, comme on aura puisé dans les réserves les plus extrêmes de la jeunesse les cadres provisoires de l'armée.

Pourquoi, dès lors, ne pas chercher une loi d'ensemble qui embrasserait les diverses mesures applicables à l'organisation du pays en temps de guerre? Confondue dans une telle loi, la question qui concerne spécialement le pouvoir législatif perdrait beaucoup de son acuité; il deviendrait peut-être facile d'y introduire la décision salutaire et constitutionnelle qui retiendrait à leur poste les élus du pays.

Il n'est pas douteux que la situation des Conseils généraux et municipaux pendant la guerre ne doive être réglée par la loi. Mais on dira que tout ce qui touche au remplacement des fonctionnaires appelés sous les drapeaux est du domaine du pouvoir exécutif.

Je n'en disconviens pas ; je rappellerai seulement que la loi est déjà intervenue, soit pour donner au recrutement des fonctionnaires plus de régularité, soit pour inspirer aux fonctionnaires eux-mêmes plus de confiance.

Lorsqu'il s'agira de recruter les cadres provisoires du temps de guerre, aucune des lois, aucun des règlements qui ferment aujourd'hui l'entrée des carrières civiles ne saurait être applicable. Il ne semble donc pas inutile de chercher, sur ce point, une procédure spéciale et transitoire.

Il semble moins inutile encore d'avertir d'avance tous les citoyens libérés du service militaire des moyens qui leur seront donnés un jour de servir autrement leur patrie.

Quant aux employés rappelés sous les drapeaux, n'est-ce pas augmenter leur force de résistance que de leur donner des garanties par une loi ? Ne faut-il pas leur affirmer qu'après la guerre, si longue qu'elle soit, ils ne trouveront pas leur place prise ? Ne faut-il pas les rassurer sur le sort de leurs femmes, de leurs enfants et de leurs ascendants ?

Ne sera-t-on pas amené, d'ailleurs, à légiférer en matière d'administration publique ? La guerre nous mettra en face de bureaux constitués avec des cadres provisoires. L'expérience démontre que des cadres ainsi formés sont très vite enclins au relâchement, à l'indiscipline. Faut-il ajouter que la vie facile du temps de paix ne saurait être maintenue dans le temps de guerre, même au profit de ceux qui n'ont pas l'honneur de porter l'uniforme ? D'où la nécessité de soumettre légalement à des règles très énergiques tous ceux qui aideront à la défense nationale dans des fonctions civiles.

Pourquoi laisser les simples fonctionnaires en face des responsabilités très élastiques du devoir civil, tandis que tous les hommes de 20 à 45 ans seront justiciables des conseils de guerre? Pourquoi ne pas astreindre ceux qui servent leur pays loin des périls immédiats à des règles aussi sévères que ceux qui le servent sous le feu de l'ennemi? Pourquoi ne pas décider que les crimes et les délits commis par les fonctionnaires dans l'exercice de leurs fonctions seront, pendant la durée de la guerre, soumis aux tribunaux militaires ?

Si la loi prévoyait la situation des Conseils généraux, des Conseils municipaux et des Administrations publiques en cas de guerre, il lui resterait encore à statuer sur les droits des simples citoyens. Les libertés établies pour les jours de pleine sécurité par les lois sur la presse et le droit de réunion peuvent-elles demeurer entières dans les jours de danger ? N'y a-t-il aucune précaution à prendre contre les fausses nouvelles qui se contrôlent facilement aujourd'hui, que détruit bien vite le scepticisme d'un peuple heureux et calme, mais qui deviendraient, en cas de lutte, une arme redoutable aux mains de l'ennemi ?

Le libre échange absolu des idées entre citoyens est-il bon s'il peut aider les pessimistes à répandre le doute et le découragement? Dans une ville même non soumise à l'état de siège, même très éloignée du champ de bataille, les opérations des chefs de l'armée pourraient-elles être discutées sans inconvénient dans des réunions publiques?

Ces questions délicates, j'ai essayé d'y répondre sous la forme d'articles de loi. Je n'ai pas pris cette forme parce qu'elle m'est plus familière qu'une autre, ayant depuis longtemps l'honneur de vivre près des Chambres.

Je l'ai prise parce qu'elle dispense de beaucoup de dissertations et de justifications, parce qu'elle répond aux habitudes que la presse moderne nous a données. L'article de loi a quelque chose du style télégraphique adopté par les journaux; s'il est rédigé d'une façon précise, complète, il résout l'objection en même temps qu'il la soulève.

Après quarante années de suffrage universel, c'est, à mon avis, le meilleur système pour l'exposition des idées politiques ou sociales. Chacun aujourd'hui est plus curieux de voir en action le mécanisme des choses que d'entendre de brillants plaidoyers.

Il manque assurément beaucoup de rouages au mécanisme ébauché ici ; ceux que j'ai essayé d'établir ont beaucoup d'imperfections. Mais j'aurai atteint mon but si j'ai fait toucher du doigt cette vérité qu'en cas de guerre il n'y aurait pas à se préoccuper uniquement du sort fait aux Chambres par la mobilisation.

Aucun pays n'a encore mis en mouvement une loi militaire comme celle de 1889. Le jour où notre pays sera appelé à le faire, la vie sociale subira une telle transformation qu'il faudra, pour la soutenir jusqu'au retour de la paix, une longue série de lois exceptionnelles.

16 Juin 1890.

L'ORGANISATION INTÉRIEURE

EN

CAS DE GUERRE

CHAPITRE PREMIER

Des Conseils généraux et municipaux en cas de guerre

ARTICLE PREMIER

En cas de mobilisation générale, les Conseils généraux sont immédiatement convoqués en session extraordinaire par décret du Président de la République, conformément à l'art. 24 de la loi du 10 août 1871.

Le jour et l'heure de la réunion sont déterminés, dans chaque département, par arrêté du Préfet (1).

---

(1) Par suite des circonstances ou de l'éloignement, il pourrait arriver qu'une convocation uniforme pour le même jour rencontrât des difficultés.

Art. 2

Les Conseils généraux convoqués en cas de mobilisation générale ne peuvent mettre aucun objet en délibération. Ils procèdent sans délai à la nomination de la Commission départementale qui devra fonctionner pendant la durée de la guerre.

L'élection serait valable, lors même que, par suite de la mobilisation, le quorum exigé par l'art. 30 de la loi du 10 août 1871 ne pourrait pas être atteint (1).

Art. 3

Les Conseils généraux ont le droit de confirmer les pouvoirs de la commission existante ou de nommer une commission nouvelle.

Nul ne peut être nommé membre des commissions départementales s'il est astreint par son âge aux obligations du service militaire.

Si un ou plusieurs membres de la commission existante sont soumis à la loi militaire et si la commission existante est maintenue, ces membres doivent être remplacés.

(1) Il est bien certain que, dans les Conseils généraux comme dans les Chambres, un certain nombre de membres seront soumis à l'ordre de mobilisation.

Art. 4.

Immédiatement après avoir désigné la commission départementale, les Conseils généraux doivent se séparer.

Aucune session des Conseils généraux ne peut être tenue pendant la durée de la guerre. En conséquence, les dispositions de l'art. 23 de la loi du 10 août 1871 cessent d'avoir leur effet jusqu'à la cessation définitive des hostilités.

Art. 5

Les commissions départementales, nommées comme il est dit aux articles précédents, ne sont soumises à aucun renouvellement pendant la durée de la guerre. Tous les pouvoirs des Conseils généraux leur sont transférés jusqu'au moment où la cessation des hostilités permet aux Conseils de se réunir (1).

(1) La nécessité de substituer l'action des commissions départementales à celle des Conseils généraux semble résulter de l'impuissance où l'on sera pendant la guerre d'avoir le quorum dans tous les Conseils généraux. Mieux vaut adopter pour la protection des intérêts départementaux un régime uniforme applicable à tous les départements. En outre, les vœux que les Conseils généraux seraient tentés de discuter et

Art. 6

Les commissions départementales délibèrent dans les formes tracées par les art. 71 et suivants de la loi du 10 août 1871. Toutefois, par dérogation aux dispositions de l'art. 73, elles ne peuvent se réunir que sur la convocation du Préfet (1).

Art. 7

Pendant la durée de la guerre les dispositions des art. 21 et 22 de la loi du 10 août 1871 ne sont pas applicables. En conséquence, il ne peut être procédé ni au renouvellement des Conseils généraux, ni au remplacement des conseillers dont le siège est devenu vacant.

Le lendemain de la conclusion de la paix définitive, les art. 21 et 22 précités sont remis en vigueur.

S'il y a lieu au renouvellement partiel prévu en l'art. 21, les collèges électoraux ne peuvent être con-

de voter, s'ils étaient réunis en séance publique, ne seraient peut-être pas toujours sans inconvénients au point de vue des opérations militaires.

(1) N'est-il pas utile de prévoir le cas où sous le coup de certaines émotions une commission permanente essaierait, par des réunions quotidiennes, de substituer son influence à l'autorité du représentant du pouvoir exécutif?

voqués qu'un mois après le licenciement général
des mobilisés (1). Ce délai minimum ne peut être
étendu par le Président de la République au delà
de six semaines. Il en est de même pour les cas
de vacances prévus à l'art. 22.

ART. 8

Les Conseils généraux se réunissent de plein
droit en session ordinaire le premier lundi qui suit
l'expiration du soixantième jour après le licenciement général des mobilisés.

Cette session est substituée à la session ordinaire
du mois d'août. Les commissions départementales
font un rapport sur l'ensemble des travaux auxquels
elles ont procédé pendant la guerre et soumettent
aux Conseils toutes les propositions qu'elles ju-
gent utiles, comme il est dit à l'art. 79 de la loi du
10 août 1871.

ART. 9

Si les pouvoirs des Conseils municipaux arrivaient
à prendre fin pendant la durée de la guerre, il ne

---

(1) Avant de procéder à des élections, il est bon de donner
aux électeurs le temps de rentrer chez eux, de se retrouver et
de se reconnaître.

serait pas pourvu au renouvellement prévu par l'art. 41 de la loi du 5 avril 1884.

Les Conseils en exercice garderaient la plénitude de leurs pouvoirs jusqu'au moment où la cessation définitive des hostilités permettrait des élections régulières.

Ces élections auraient lieu dans les six semaines qui suivraient le licenciement des mobilisés.

Art. 10

S'il arrive, pendant la durée de la guerre, qu'un Conseil municipal soit réduit, par l'effet des vacances survenues, au trois quarts de ses membres, comme il est dit à l'art. 42 de la loi du 5 avril 1884, il n'est pas pourvu à des élections complémentaires.

Un décret du Président de la République complète le Conseil par la nomination de délégués spéciaux, suivant les termes de l'art. 44 de la loi précitée. Le décret désigne autant de délégués qu'il manque de conseillers, et les délégués ont, pour la durée de la guerre, le même droit de vote que les conseillers élus.

Art. 11

Dans les six semaines qui suivent le licenciement général des mobilisés, il est procédé aux élections complémentaires prévues dans l'art. 42 de la loi municipale du 5 avril 1884.

Art. 12

En cas de dissolution d'un Conseil municipal ou de démission de tous les conseillers en exercice, il est procédé, par décret du Président de la République, à la nomination d'une délégation spéciale, conformément à l'art. 44 de la loi du 5 avril 1884; mais le dernier § de cet article est modifié de la manière suivante pour toute la durée de la guerre :

« Les pouvoirs de la délégation spéciale sont limités aux actes de pure administration conservatoire et urgente. Si les besoins de la défense nationale exigeaient que les finances municipales fussent employées au delà des ressources disponibles de l'exercice courant, la délégation pourrait voter des contributions extraordinaires et des emprunts dans les conditions prévues aux art. 142 et 143 de la loi du 5 avril 1884. La délégation spéciale ne peut ni préparer le budget communal, ni recevoir les comptes du maire ou du receveur, ni modifier le personnel ou le régime de l'enseignement. »

Art. 13

Les dispositions de l'art. 45 de la loi du 5 avril 1884 sont suspendues pendant toute la durée de la guerre (1).

Dans le cas où un Conseil municipal aurait été remplacé par une délégation spéciale, il sera pourvu à la réélection du Conseil municipal dans les six semaines à dater du licenciement général des mobilisés.

Art. 14

Pendant la durée de la guerre, les Conseils municipaux ne tiennent pas les sessions régulières prescrites par l'art. 46 de la loi du 5 avril 1884.

Ils se réunissent toutes les fois que les circonstances l'exigent, sur la demande du préfet, du sous-préfet, ou sur la convocation du maire. Tant que les hostilités durent, la convocation n'est pas obligatoire, même si elle est réclamée par la majorité des membres en exercice.

(1) C'est l'article qui oblige le Pouvoir exécutif à convoquer les électeurs dans le délai minimum de deux mois, lorsqu'un Conseil municipal a été dissous.

Art. 15

Pendant la durée de la guerre, tous les votes des Conseils municipaux sont rendus au scrutin secret. Le scrutin public ne peut être demandé.

Les séances des Conseils municipaux cessent d'être publiques, et il n'en est fait aucun compte rendu.

Les dispositions des art. 51, 54 et 56 de la loi du 5 avril 1884 reprennent leur vigueur dans les trois jours qui suivent la cessation des hostilités (1).

(1) Dès que le péril public est suspendu, la parole doit être rendue à tous les citoyens et toutes les libertés doivent être remises debout.

CHAPITRE II

Droits des citoyens en cas de guerre

Art. 16

Dans toutes les localités non soumises à l'état de siège, l'imprimerie et la librairie demeurent libres, conformément à la loi du 29 juillet 1881, mais sous les réserves ci-après formulées (1).

Art. 17

A partir du jour de la mobilisation générale et jusques et y compris le quinzième jour qui suit la

(1) Il importe que, pendant la guerre, la portion du pays qui ne peut pas se battre ne vive pas dans le silence; les ennuis et les tristesses du silence ne contribuent pas à relever les âmes. Mais il importe aussi que le Gouvernement, que les chefs de l'armée ne reçoivent pas, par derrière, des balles plus meurtrières que celles de l'ennemi. La presse doit servir à faire prendre patience à la nation civile pendant les heures d'énervement qui s'écoulent entre chaque bataille; elle doit être mise à l'abri de la tentation redoutable de commenter les batailles avant et après le résultat.

conclusion de la paix définitive, il est interdit de publier par la voie de la presse ou autrement, au sujet des opérations militaires ou diplomatiques, des dépêches, nouvelles ou informations autres que celles qui sont officiellement communiquées par le Gouvernement.

Il est également interdit de publier par la voie de la presse ou autrement des articles relatifs aux opérations militaires ou diplomatiques.

Art. 18

Toute infraction aux dispositions de l'article précédent sera déférée aux tribunaux correctionnels et punie d'une amende de 1,000 à 10,000 fr. et d'un emprisonnement de 3 à 6 mois.

En cas de récidive, la peine sera du double.

Art. 19

Pendant la durée de la guerre, la circulation en France des journaux ou écrits périodiques publiés à l'étranger peut être interdite par une décision du ministre de l'Intérieur ou du ministre de la Guerre.

Les introducteurs ou distributeurs d'un journal étranger dont la circulation a été interdite peuvent être punis par les tribunaux correctionnels d'un emprisonnement de 15 jours à 3 mois et d'une amende de 50 à 500 fr.

En cas de récidive, la peine sera du double.

Art. 20

Le préfet de police à Paris, les préfets dans les départements, auront le droit, pendant toute la durée des hostilités, de refuser de recevoir la déclaration imposée par l'art. 18 de la loi du 29 juillet 1881 à quiconque veut exercer la profession de colporteur ou de distributeur. Ils en rendront compte immédiatement au ministre de l'Intérieur.

Ceux dont la déclaration n'aura pas été acceptée ne pourront exercer la profession de colporteur ou de distributeur; mais ils auront le droit de saisir le ministre de l'Intérieur d'une réclamation sur laquelle il sera statué définitivement dans les trois jours.

Si le ministre maintient le refus de réception de la déclaration, et s'il est contrevenu à ce refus, les contrevenants seront passibles des peines édictées à l'art. 21 de la loi du 29 juillet 1881 (1).

(1) Il est manifeste que le libre exercice de la profession de colporteur ou de distributeur pourrait, en cas de guerre, nuire au fonctionnement de la loi sur l'espionnage.

Art. 21

Pendant la durée de la guerre, l'art. 20 de la loi du 29 juillet 1881 n'est pas applicable (1).

Art. 22

En cas de guerre, dans les communes, les arrondissements et les départements soumis à l'état de siège, aucune publication de quelque nature qu'elle soit ne peut être faite sans l'autorisation préalable de l'autorité militaire.

Toute infraction aux dispositions du présent article est punie d'un emprisonnement de 15 jours et d'une amende de 100 à 1,000 francs.

Art. 23

Dans les localités soumises à l'état de siège, il est interdit d'apposer des affiches autres que celles

(1) C'est l'article qui dispense de toute déclaration la distribution et le colportage accidentels. Avec cet article, il serait facile aux émissaires de l'ennemi de circuler d'une commune à l'autre, de propager les fausses nouvelles, d'exciter le découragement et de recueillir des renseignements sur les concentrations de troupes.

qui sont prescrites par les divers articles du Code civil.

Cette disposition n'est pas applicable aux affiches qui émanent de l'autorité publique.

Toute infraction aux dispositions du 1er § est punie d'un emprisonnement de 2 à 6 mois et d'une amende de 500 à 5,000 francs.

Art. 24

Les dispositions des articles 22 et 23 sont applicables sans préjudice du droit d'interdiction conféré à l'autorité militaire par l'art. 9 de la loi du 9 août 1849 sur l'état de siège.

Art. 25

Pendant la durée de la guerre, les délits prévus au 1er § de l'art. 24 de la loi du 29 juillet 1881 seront déférés aux conseils de guerre, même dans les localités non soumises à l'état de siège (1).

(1) C'est-à-dire la provocation directe aux crimes de meurtre, de pillage, d'incendie et aux crimes contre la sûreté de l'État.

Cette disposition n'aggrave pas la pénalité, mais elle fortifie le caractère comminatoire du 1er § de l'art. 24 de la loi de 1881. Elle peut inspirer plus de retenue dans le langage.

Art. 26

Pendant la durée de la guerre, le délit prévu par l'art. 25 de la loi du 29 juillet 1881 est justiciable des conseils de guerre, même dans les localités non soumises à l'état de siège (1).

Les peines prononcées par les conseils de guerre seront le double de celles exprimées à l'art. 25 susvisé.

En cas de récidive, l'interdiction des droits civiques pourra être prononcée (2).

Art. 27

Pendant la durée de la guerre, les délits prévus aux art. 26, 30, 31 et 33 de la loi du 29 juillet 1881 seront passibles de peines doubles de celles édictées auxdits articles (3).

(1) Il s'agit des provocations adressées aux militaires dans le but de les détourner de leurs devoirs.

(2) Des articles généraux plaidant, en termes violents, l'inutilité de la discipline et de l'obéissance passive, échapperaient aux dispositions qui interdisent tous les articles relatifs aux opérations de guerre. C'est pourquoi il est prudent d'accroître, en vue des périls futurs, les pénalités déjà édictées contre ceux qui tenteraient de faire relâcher les freins sacrés de l'obéissance militaire.

(3) Il s'agit de l'offense faite au Président de la République,

Art. 28

Les dispositions de l'art. 36 de la loi du 29 juillet 1881, relatives à l'offense envers les chefs d'Etats étrangers, ne sont pas applicables, pendant la durée de la guerre, lorsque l'offense a été commise envers un chef d'État ennemi de la France ou allié des ennemis de la France.

Art. 29

L'offense commise publiquement, pendant la guerre, envers un chef d'État allié de la France, est justiciable des conseils de guerre. Elle est punie d'un emprisonnement de 6 mois à 2 ans et d'une amende de 10,000 à 50,000 francs.

En cas de récidive, la détention peut être prononcée.

La poursuite a toujours lieu d'office.

Art. 30

Pendant la durée de la guerre, aucune réunion publique ne peut être tenue ayant pour but la dis-

de la diffamation et de l'injure envers les cours et tribunaux, les armées de terre et de mer, les ministres, les sénateurs, les députés, les dépositaires de l'autorité publique, etc.

cussion des opérations militaires ou diplomatiques.

En conséquence, toute déclaration faite conformément à l'art. 4 de la loi du 30 juin 1881 devra spécifier qu'aucune question touchant aux opérations militaires ou diplomatiques ne sera mise en délibération.

Toute déclaration qui ne porterait pas cette mention sera considérée comme nulle et non avenue.

Art. 31

Dans le cas où une question concernant des opérations militaires ou diplomatiques serait mise en délibération dans une réunion publique, le représentant de l'autorité la dissoudrait immédiatement.

Art. 32

Dans les communes, les arrondissements et les départements soumis à l'état de siège, en cas de guerre, les effets de la loi du 30 juin 1881 sont suspendus et aucune réunion publique ne peut être tenue.

CHAPITRE III

Des Administrations publiques
en cas de guerre

Art. 33

En cas de guerre, les fonctionnaires de tout
ordre, ainsi que les employés de l'État, des départements et des communes, qui sont appelés sous
les drapeaux, sont provisoirement remplacés par
des fonctionnaires et employés suppléants.

Ceux-ci sont choisis : 1° parmi les anciens fonctionnaires ou employés pourvus d'une pension de
retraite; 2° parmi les anciens fonctionnaires ou
employés qui ont volontairement donné leur démission sans avoir manqué à leurs devoirs; 3° parmi
les citoyens qui seront jugés capables de rendre
des services.

Art. 34

Il n'est pas pourvu au remplacement des employés mobilisés dans les services dont le fonction-

nement n'intéresse pas la défense nationale ou l'exécution des lois. La désignation des services qui peuvent rester incomplets pendant la durée des hostilités est faite à Paris par les ministres, dans les départements par les préfets, et dans chaque commune par le maire.

Art. 35

Le jour de la mobilisation, les directeurs, les chefs de division et les chefs de bureau de chacune des administrations publiques qui sont dispensés du service par leur âge se réunissent en comité et dressent d'urgence des listes de candidatures, conformément aux catégories établies par l'art. 33.

Ils ont le droit de proposer les noms de citoyens pris dans la troisième catégorie, sans avoir épuisé les demandes des fonctionnaires ou employés appartenant à la première catégorie (1).

Dans chaque administration la liste devra comprendre un nombre de candidatures double de celui des vacances à pourvoir.

(1) Des raisons diverses et faciles à saisir peuvent empêcher qu'un ancien fonctionnaire, même encore valide, soit réintégré dans l'Administration. Les catégories doivent être des indications pour ceux qui prépareront les listes; elles ne sauraient les empêcher d'aller chercher les bons services là où ils croiront pouvoir les trouver.

Art. 36

Les ministres, les préfets et les maires, suivant la nature de l'emploi, choisissent sur les listes dressées comme il est dit à l'article précédent les agents chargés de remplacer provisoirement les fonctionnaires appelés sous les drapeaux.

Pour ces nominations provisoires, toutes les conditions d'âge et de diplôme établies par les lois et les règlements sont entièrement suspendues.

Les ministres, les préfets et les maires ont le droit absolu de nommer aux fonctions provisoires des citoyens dont les noms n'auraient pu être portés sur les listes (1).

Art. 37

Les employés ainsi désignés reçoivent une indemnité mensuelle fixée par l'autorité supérieure

(1) Alors, dira-t-on, les listes sont inutiles. Non; elles seront le dégrossissement d'un travail qui a besoin d'être fait très vite; elles faciliteront les décisions de l'autorité supérieure, qui aura beaucoup d'autres soucis à l'heure de la mobilisation; mais les ministres, les préfets et les maires peuvent avoir des raisons de vouloir certains choix écartés par leurs collaborateurs immédiats; ils ne doivent pas être entravés.

sous les ordres de laquelle ils sont placés. Cette indemnité ne peut en aucun cas dépasser le chiffre du traitement affecté à la fonction qu'ils remplissent provisoirement.

Art. 38

Les dispositions précédentes sont portées par voie d'affiches à la connaissance du public. Les affiches ne doivent être apposées que le jour de la mobilisation générale; mais tous les citoyens qui croient pouvoir rendre des services civils en cas de guerre ont le droit d'adresser d'avance leur demande à l'autorité compétente.

Art. 39

Pendant la durée de la guerre, tous les fonctionnaires et employés de l'État, des départements et des communes, appelés sous les drapeaux, demeurent titulaires des fonctions qu'ils occupaient le jour de la mobilisation (1); mais l'effet des règlements relatifs à l'avancement et aux augmentations

(1) Cette disposition ne porte nulle atteinte aux droits de l'autorité supérieure qui prononcerait naturellement la révocation des fonctionnaires et employés frappés de punitions pendant leur présence au corps.

de traitement demeure suspendu jusques et y compris le quinzième jour qui suit le licenciement général des mobilisés.

Art. 40

Les noms de tous les fonctionnaires et employés de l'État, des départements et des communes, appelés sous les drapeaux, continueront à figurer sur les listes d'émargement, et le temps de leur absence, si long qu'il soit, compte pour la liquidation de leur retraite.

Art. 41

Les fonctionnaires et employés de l'État, des départements et des communes, qui sont mobilisés, reçoivent l'intégralité de leur traitement, si leur traitement n'est pas supérieur à 3,000 fr.

Reçoivent également l'intégralité de leur traitement, les fonctionnaires et employés mobilisés qui se trouvent dans les conditions prévues par l'art. 21 de la loi du 15 juillet 1889 sur le recrutement (1).

Reçoivent en outre l'intégralité de leur traitement, les fonctionnaires et employés mobilisés qui

(1) C'est-à-dire les soutiens de famille.

sont mariés ou veufs avec un ou plusieurs enfants.

Les traitements supérieurs à 3,000 fr. et inférieurs à 6,000 fr. sont réduits d'un cinquième pour la partie supérieure à 3,000 fr. lorsque le titulaire ne se trouve dans aucune des catégories prévues aux deux paragraphes précédents.

Les traitements supérieurs à 6,000 fr. sont, dans les mêmes conditions, réduits d'un tiers pour la partie supérieure à 6,000 fr. (1).

(1) Quelles que soient les charges imposées au budget par ces dispositions, je les crois utiles à la défense nationale. Plaie d'argent n'est pas mortelle, et, si nous devons quelque jour soutenir une lutte extérieure, il faudra bien se dire d'avance que les millions seront dépensés à pleines mains. Au reste, mieux vaudra les répandre pendant la guerre que de les donner à l'ennemi après la paix. Or, je suis persuadé que l'attitude des fonctionnaires et des employés mobilisés importera beaucoup au succès. Quel que soit leur patriotisme, pourront-ils s'empêcher parfois de regarder en arrière s'ils ont laissé leurs familles sans ressources ? La discipline militaire ne fera pas taire toutes les conversations. Beaucoup de fonctionnaires occupent des grades ; ceux qui n'en ont pas se trouveront souvent avoir une parole plus facile que leurs camarades ; ils connaîtront plus de choses. Il faut que leur supériorité intellectuelle ne s'exerce jamais au profit des idées de tristesse et de découragement. Pour cela, il faut dégager ceux qui sont mariés et pères de famille des inquiétudes légitimes sur le sort des êtres qui leur sont chers.

D'ailleurs les mesures prises au profit des fonctionnaires mariés pourront avoir pour corollaires des dispositions destinées à attribuer, sur le budget de l'État, des secours aux familles des mobilisés qui n'appartiennent à aucune administration publique. La loi du 21 décembre 1882, faite en vue des appels réguliers et ordinaires, ne fournirait pas assez de ressources pour parer à toutes les souffrances créées par un appel général.

Art. 42

Tant que les mobilisés demeurent sur le territoire français, les appointements sont payés directement aux titulaires par les soins de la trésorerie des corps d'armée, sur ordonnances délivrées par l'autorité compétente.

Du jour où les mobilisés entrent sur le territoire étranger, leur traitement est payé à toute personne munie de leur procuration. Le ministre, le préfet ou le maire peut, à défaut de procuration, décider que le traitement sera payé d'office aux personnes ci-après déterminées et dans l'ordre suivant :

1° A la femme du fonctionnaire mobilisé, si la séparation de corps n'a pas été prononcée ;

2° Par parts égales aux enfants du mobilisé s'il est veuf ou séparé de corps ; dans le cas où les enfants seraient mineurs et où un conseil de famille n'aurait pas été constitué, le juge de paix du domicile convoquerait d'office, dans les conditions prévues aux art. 405 et suiv. du Code civil, un conseil de famille qui désignerait un tuteur provisoire exclusivement chargé de recevoir les appointements du mobilisé et d'en appliquer les sommes à l'entretien et à l'éducation desdits mineurs ;

3° Aux ascendants du mobilisé qui se trouve dans les conditions prévues au 2° § de l'article 41.

4° Par parts égales aux parents du mobilisé qui se trouve dans les conditions prévues aux § 1° et 3° de l'art. 21 de la loi du 15 juillet 1889. Si les ayants droit sont mineurs, un tuteur provisoire est désigné comme il a été dit ci-dessus (1).

Art. 43

Pendant la durée de la guerre, tous les employés de l'État, des départements et des communes doivent être présents au service, de neuf heures du matin à sept heures du soir, avec un intervalle de deux heures pour le repas. Ils peuvent être astreints à des travaux supplémentaires de jour ou de nuit, sans qu'il puisse leur être alloué de ce chef aucune indemnité.

Art. 44

Pendant la durée de la guerre, même dans les localités non soumises à l'état de siège, la répression des crimes et délits commis par des fonctionnaires publics dans l'exercice de leurs fonctions, et prévus aux art. 123 à 131 et 169 à 197 du Code pénal, appartiendra aux conseils de guerre.

(1) Dans ce paragraphe, comme dans le précédent, il s'agit du traitement dû aux mobilisés qui sont légalement soutiens de famille.

Seront également justiciables des conseils e guerre, même dans les localités non soumises à l'état de siège, tous les employés de l'État, des départements ou des communes, qui auront commis des infractions dans le service.

ART. 45

Les conseils de guerre seront saisis des infractions commises dans le service sur la réquisition du ministre, du préfet ou du maire, suivant la nature de l'emploi dont le prévenu est chargé.

Quel que soit le titre de l'accusé, il est jugé par un conseil de guerre composé comme il est dit à l'art. 10 du Code de justice militaire pour les sous-officiers, caporaux, brigadiers ou soldats.

ART. 46

Sont considérées comme infractions commises dans le service et passibles des conseils de guerre :
1° L'absence non justifiée;
2° La non exécution d'un ordre donné;
3° L'indiscipline (1).

(1) La défaillance dans les services civils peut éloigner la victoire aussi sûrement qu'une mauvaise opération militaire.

Art. 47

Est réputé coupable d'une absence non justifiée
tout employé qui, non muni du certificat de deux
médecins, dont un au moins devra être commis
par l'Administration, sera demeuré deux jours sans
se rendre au service.

Art. 48

Est réputé coupable de la non exécution d'un
ordre donné l'employé qui aura égaré ou négligé
de transmettre en temps utile des pièces, lettres
ou dossiers à lui confiés, et nécessaires au fonctionnement de la défense nationale. Il en sera de
même de l'employé qui aura omis d'accomplir des
formalités prévues par les lois et règlements, nécessaires à la défense nationale et rentrant dans
ses attributions.

Art. 49

Est réputé coupable d'indiscipline l'employé qui
aura manqué de respect à ses chefs ou qui, dans
le service, aura parlé avec mépris des actes du
Gouvernement.

Art. 50

L'absence non justifiée est punie d'un emprisonnement de 2 à 15 jours et d'une amende de 50 à 200 francs.

La non exécution d'un ordre donné est punie d'un emprisonnement de 15 jours à 2 mois et d'une amende de 100 à 500 francs.

L'indiscipline est punie d'un emprisonnement de 2 à 5 mois et d'une amende de 500 à 1,000 francs.

Art. 51

Tout fonctionnaire ou employé de l'État, des départements ou des communes, qui aura communiqué à une ou plusieurs personnes un renseignement officiel concernant les opérations militaires ou diplomatiques, pourra être traduit devant les conseils de guerre sur les réquisitions de l'autorité supérieure dont il dépend.

S'il est établi que la communication a eu lieu, le conseil pourra prononcer une peine de 2 à 6 mois de prison et une amende de 200 à 5,000 francs.

La peine sera prononcée lors même que la communication n'aurait porté aucun préjudice à la défense nationale (1).

(1) Il est utile, en cas de péril public, de prévenir les indiscrétions, même les indiscrétions involontaires.

Si la communication avait porté préjudice à la défense nationale, ou si elle avait été rémunérée sous une forme quelconque, elle serait passible des peines édictées à l'art. 78 du Code pénal.

ART. 52.

En temps de guerre, aucun fonctionnaire ou employé de l'État, des départements et des communes, n'a le droit de donner sa démission.

Tout fonctionnaire ou employé qui donnerait sa démission recevrait du ministre, du préfet ou du maire, suivant le cas, l'injonction de reprendre son service. S'il ne se rendait pas à l'injonction dans le délai de six jours, il serait considéré comme déserteur à l'intérieur, déféré au Conseil de guerre et puni de 2 ans à 5 ans d'emprisonnement, conformément au premier paragraphe de l'art. 232 du Code de justice militaire (1).

(1) Il ne faut pas que l'attrait de certains bénéfices qui peuvent être réalisés par le commerce des choses nécessaires à l'armée ou rendues rares par les blocus, enlève à leur devoir les hommes engagés au service de l'État. Avec la hardiesse des capitaux modernes, il se formera certainement en cas de guerre de nombreuses compagnies pour souscrire les marchés publics ou privés. Ces compagnies seront souvent tentées de se faire administrer ou diriger par des fonctionnaires expérimentés. Le concours de ces fonctionnaires doit rester acquis à la nation seule; il ne doit pas leur être permis d'abandonner leur traitement, si modeste qu'il soit, pour accepter les

Ces dispositions sont applicables aux fonctionnaires et employés suppléants, comme aux titulaires.

séduisantes rémunérations des grandes sociétés. Celles-ci nous seront sans doute fort utiles pour nos ravitaillements, mais elles trouveront partout assez de bonnes volontés sans être obligées de puiser dans les cadres déjà fort réduits des services publics.

Librairies-Imprimeries réunies. — MAY et MOTTEROZ, Directeurs,
54 bis, rue du Four. — Paris.

MOTTEROZ